TRAITÉ,

Du Contrepoint simple,
ou
du Chant sur le Livre.

PAR

M^R. H. MADIN,

Prêtre, Chanoine de l'Eglise Royalle de Saint Quentin, et Maître de la Musique et des Pages de la Chapelle du Roy.

Gravé par Labassée

Prix 3.^{tt} 12.^s

A PARIS

Chés
- Au Mont Parnasse, rue St Jean de Beauvais.
- A Sainte Cecile, rue Saint Jean de Beauvais.
- Mme Boivin, M.^{de} rue St Honoré à la Règle d'Or.
- Le S.^r Le Clerc, M.^d rue du Roule à la Croix d'Or.

Avec Privilege du Roy. 1742.

Préface.

  Il y a long-tems que j'avois formé le dessein de donner au Public un Traité de Chant sur le Livre, tant en faveur des Enfants de Chœur, que d'une infinité de bons Musiciens, que j'ay vû souvent refusés dans des Chapitres, précisément pour avoir ignoré cette Science; qui à la vérité ne s'apprend ni ne se pratique point dans plusieurs Pays.

  Un Traité de cette sorte servit aussi très utile à plusieurs Maîtres de Musique; lesquels ayant d'ailleurs un très rare mérite, ne connoissent point ce genre de Composition; parce qu'ils ont été élevés dans ces Pays, où il n'est point en usage: par conséquent ils ne peuvent l'enseigner aux Enfants qui leur sont confiés dans les Eglises, où presque tout se chante en Chant sur — le Livre.

Madin

2

C'est donc à la sollicitation de plusieurs de mes
amis, et même de quelques Musiciens de chés le
Roy, qui n'ayant point été Enfans de Chœur,
desirent du moins d'avoir une idée du Chant
sur le Livre de s'en instruire et peut être de
passer de la Théorie à la Pratique, en cas que
le Chant sur le Livre vint à s'établir à la cha=
=pelle, comme il en a déja été question; c'est dis-je
à leur sollicitation, que j'entreprens de donner
cette année un Traité de Contrepoint simple, ou
de Chant sur le Livre, avec des Exemples ins=
=tructifs sur chaque article dont il s'agira. Si je
réussi par des raisonnemens clairs, justes et
solides, cet Ouvrage sera d'autant plus recherché,
qu'aucun Maitre de Musique de France n'a voulu
jusqu'à présent se donner la peine d'y travailler.
Des vues aussi naturelles et tendantes à un
bien aussi général, m'auroient fait éxécuter
plûtôt mon projet, si depuis quelques années,
je ne m'étois extrêmement occupé aux travaux
qu'éxige de moi le service du Roy.

Dans le premier Chapitre, je traiterai de

l'Etymologie du Mot de Chant sur le Livre.

Dans le second, j'exposerai un Tableau exact de tous les Accords tant parfaits qu'imparfaits.

Dans le troisieme, j'enseignerai la maniere de s'en servir, de les préparer et de les sauver.

Dans le quatrieme, j'expliquerai le Mot de Fugue; je démontrerai de combien de sortes il y en a, et comment on doit les prendre: j'en donnerai des Exemples en forme de Leçons, par lesquels on distinguera facilement de combien de sortes il y en a: j'aprendrai ce que c'est que la Syncope, son utilité et ses effets.

Dans le cinquieme, j'introduirai insensible==ment le Musicien bien instruit de son Chant sur le Livre, dans la vraye route de la composi==tion de la Musique, par des Exemples de deux Dessus differens, fugués syncopés et concordans entr'eux, sur une Basse de Plein-chant en — Nottes simples, et sur des Paroles.

Enfin comme j'ay reconnu que dans la pluspart des Maitrises que j'ay occupés, les En==fans de Chœur ne connoissent point les Tons

4

differens, sur lesquels non seulement les Messes
imprimées sont composées, mais en général toute
sorte de Musique, se contentant de dire, par —
Exemple, que la Messe de Cosset Gaudeamus
est en D la re Tierce majeure, et Celle de
Campra Ad majorem Dei gloriam, en
D la re Tierce mineure; j'ay crû qu'il seroit
assés à propos que je sortisse de mon sujet,
pour ajouter à ce Traité un Tableau des huit
Tons naturels, et de leurs Transposés, sur les=
=quels on compose quoiqu'il soit vrai de con=
=venir qu'il n'y a proprement que deux Tons,
le Majeur et le Mineur; tous les autres n'é=
=tant que leurs Derivés, ou revenant au même.

Heureux, si éloigné de toute ambition de
me distinguer, je puis par des Explications
simples et naturelles, parvenir au but que
je me suis proposé.

CHAPITRE PREMIER,
De l'Étymologie du Mot de Chant sur le Livre.

Le Chant sur le Livre est proprement un Contre=
=point, ainsi nommé, parce qu'originairement les
Nottes ou Signes des Sons étoient des Points,
que l'on mettoit l'un contre ou sur l'autre.

Kirker Jesuite Allemand, qui a écrit si pro=
=fondément dès le commencement du seizieme
Siecle, touchant l'Harmonie, des Sons Harmoniques,
et en général tout ce qui regarde la Musique, tant
en Voix qu'en Instrumens, traitant de ce Contre=
=point, dit: Quasi diceres Punctus contrà Punctum:
eo quòd cantus Alti, Tenoris et Basis, Notæ
in Pentagrammo Melothetico, ceu milites in
acie, sibi invicem opponantur; et quòd Vete=
=res loco Notarum uterentur, Punctis.

Les Ouvrages admirables de ce celebre Auteur,
qui malheureusement pour bien des personnes sont
en latin, ne se trouvent presque plus. Je les ai
cependant lûs en partie dans la Bibliotheque des
R R. PP. Benedictins de l'Abaïe Royale de Fécamp.

En général toute Composition, qui fait Harmo=
=nie, est Contrepoint, spécialement lorsqu'on prend un
sujet de Chant d'Eglise, comme une strophe d'Hymne
sur laquelle on forme une Basse fondamentale, et avec
laquelle on accorde deux ou trois autres Voix. Mais il
ne s'agit point ici de ce genre de Composition: il n'est
question que d'un Contrepoint simple, qui consiste à
faire des Accords sur un Plein-chant, dont les Nottes
également battues, valent chacune un Tems; ou bien
d'un Contrepoint figuré, qu'on nomme aujourd'hui
Fleurti, que Kirker définit en latin: Contrapunctus
floridus ceu coloratus; c'est à dire que sur
ces Rondes ou Blanches du Plein-chant, la Mesure
étant observée, on fait des Noires, des Croches,
et souvent un Chant aussi beau, que s'il étoit com=
=posé à loisir, en saisissant et prevenant même par
élégance, les endroits susceptibles de Fugues.

On lit dans le même Kirker, que nos An=
=ciens, aimant apparemment la simplicité du Chant,
regardoient ces sortes de façons de chanter sur le
Livre, comme de pures fantaisies: Antiqui, dit il
hujusmodi Cantus floridos ceu coloratos,
phantasias vocant.

Il faut à la verité avouer qu'en général
le Chant sur le Livre ne plaît à une infinité de
personnes, qu'autant qu'il paroit et qu'il devient
réellement Confusion, par le melange d'Accords

d'une trentaine de Musiciens, qui le chanteront tous à la fois; les uns régulierement, et les autres à tout hasard. Quand cette Composition est faite sur le champ, sans préparation et méthodiquement, c'est chanter sur le Livre.

Pour parvenir à cette Science, il faut beaucoup d'usage d'abord sur le papier; afin qu'étant, pour ainsi dire, familiarisé avec tous les Accords tant Consonants que Dissonants, on puisse arriver à la pratique facile de chanter sur le Livre. Et pour entrer en matiere, je vais suivre par ordre, ce que j'ai établi dans la Préface.

CHAPITRE SECOND,
De l'Exposition de tous les Accords, tant Parfaits qu'Imparfaits.

Il y a sept Tons, ou sept Accords, qui se distinguent en Parfaits et Imparfaits; sçavoir la 2.ᵉ la 3.ᵉ la 4.ᵉ la 5.ᵉ la 6.ᵉ la 7.ᵉ et l'8.ᵛᵉ

Les Parfaits sont la 3.ᵉ la 5.ᵉ et l'8.ᵛᵉ Les Imparfaits sont la 2.ᵉ ou 9.ᵉ la 4.ᵉ et la 7.ᵉ la 6.ᵉ étant réputée Mixte, c'est-a-dire, tantôt Consonante, et tantôt Dissonante.

Tous ces Accords se divisent en Majeurs et Mineurs.

La 2.ᵉ est composée d'un Ton et d'un Semi-ton.

Exemple.

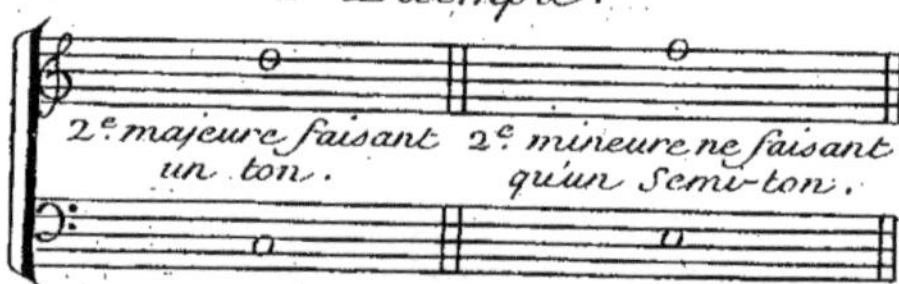

Il y a de trois sortes de Tierces, la 3.ᵉ majeure, la 3.ᵉ mineure, et la 3.ᵉ diminuée. Cette derniere n'est point en usage dans le Chant sur le Livre.

La 3.ᵉ majeure, qui peut se faire par dès Tons naturels, ou par l'adjonction d'un Dieze ou d'un B mol, est composée de deux Tons.

La 3.ᵉ mineure, qui se peut faire par dès Tons naturels, ou par l'adjonction d'un B mol, est composée d'un Ton et d'un Semi-ton.

Exemple des Tierces majeures.

Exemple dès Tierces mineures.

Il y a de deux sortes de Quartes, sçavoir
la 4.ᵉ majeure, autrement appellée Triton; parce
qu'elle est composée de trois Tons; et la 4.ᵉ mineure,
qui est composée de deux Tons et d'un Semi-ton.

Exemple des 4.ᵉ majeures et mineures.

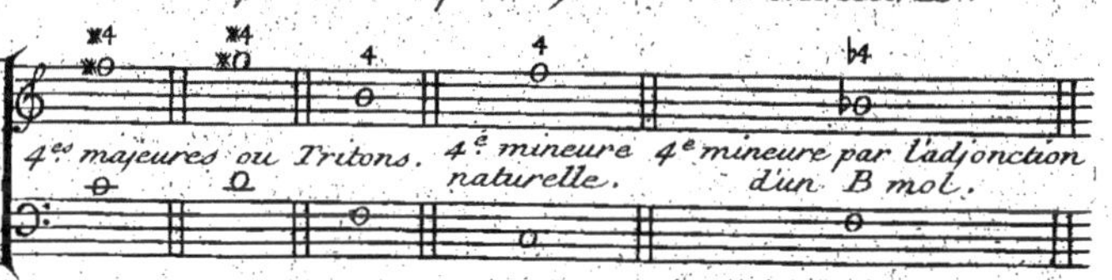

Il y a de trois sortes de Quintes, sçavoir
la 5.ᵉ Naturelle, la Fausse 5.ᵉ et la 5.ᵉ Superflüe,
qui n'est point non plus ici en usage.

La 5.ᵉ Naturelle est composée de trois
Tons, et d'un Semi-ton.

La Fausse 5.ᵉ est composée de deux
Tons, et de deux Semi-tons mineurs: je
mets, Mineurs; parce que c'est en cela
qu'elle differe du Triton.

Exemple des 5.ᵉˢ naturelles et des Fausses.

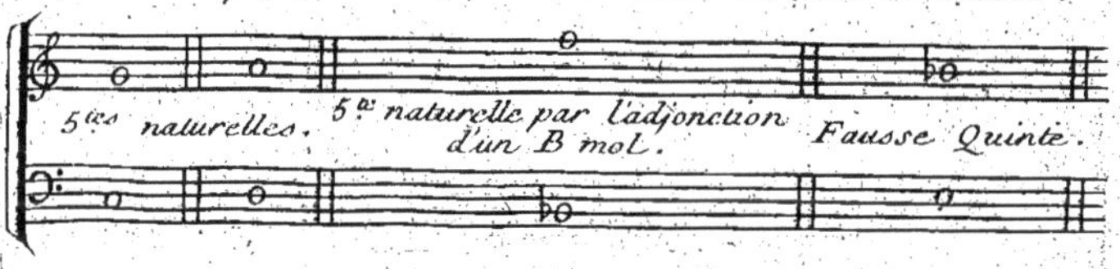

Il y a de deux sortes de Sixtes, sçavoir—
la 6.e majeure et la 6.e mineure.

La 6.e majeure est composée de quatre Tons
et d'un Semi-ton: elle peut se faire ou naturelle,
ou par l'adjonction d'un Dieze.

La 6.e mineure est composée de trois Tons
et de deux Semi-tons: elle peut se faire ou natu=
=relle, ou par l'adjonction d'un B mol.

Exemple des Sixtes majeures et mineures.

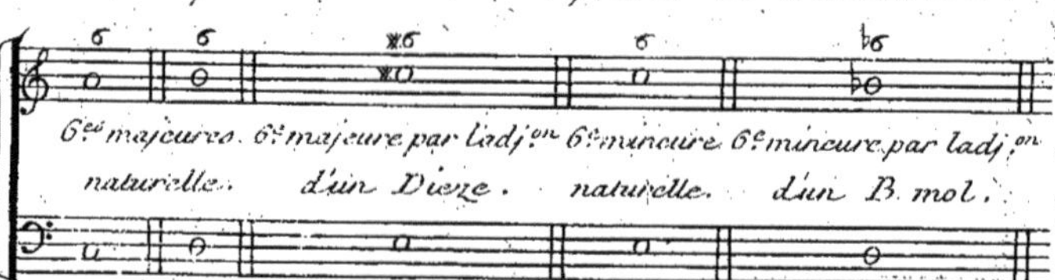

Il y a de deux sortes de Septièmes; la 7.e
majeure et la 7.e mineure.

La 7.e majeure est composée de cinq Tons,
et d'un Semi-ton.

La 7.e mineure est composée de quatre Tons,
et de deux Semi-tons.

Exemple de Septièmes majeures et mineures.

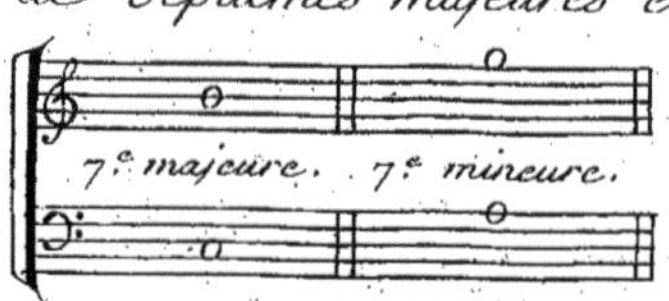

L'Octave est composée de cinq Tons, et de deux Semi-tons.

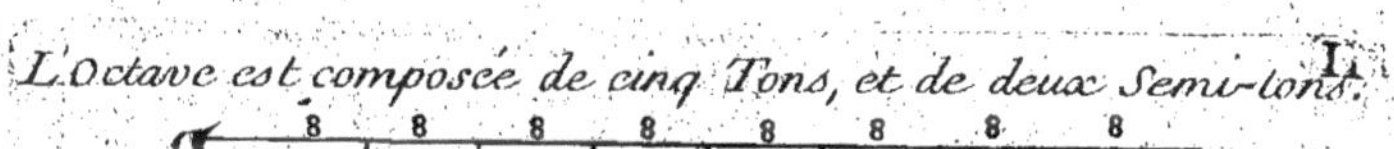

Il étoit à propos et même necessaire de faire d'abord connoitre la nature et la différence de chacun de cés Accords en particulier, avant que d'enseigner à les mettre en pratique.

Passons donc présentement à la définition et a l'Arrangement de tous cés Accords.

CHAPITRE TROISIEME,

De la maniere de se servir des Accords parfaits et imparfaits, de lés préparer et de lés sauver.

Il est bon de dire un mot de l'Unisson, afin de ne rien omettre, de ce qui peut instruire.

L'Unisson n'est pas un bon Accord: ou pour mieux dire, il ne fait pas Accord.

Il consiste en deux Sons frapés a voix égales sur la même Note et au même dégré; Accord dont on ne se sert que malgré soi et cela dans lés remplissages de grands Chœurs de Musique.

Exemple.

La Seconde n'est pas un bon Accord. Ce=
=pendant on la peut joindre, et s'en servir en mon=
=tant de l'Octave à la Tierce majeure ou mineure,
et non en descendant.

Exemple.

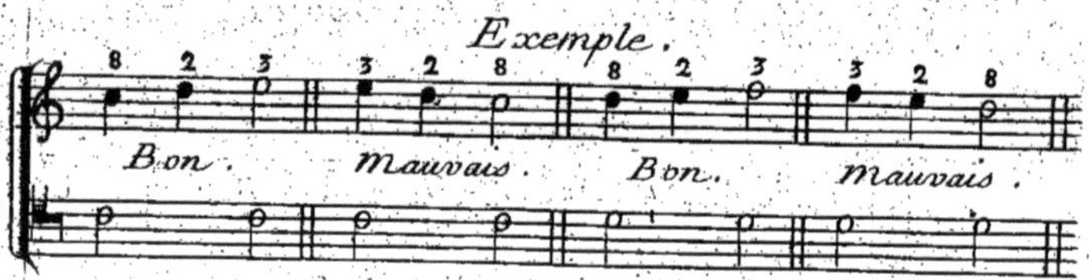

La Neuvième, que bien des gens regardent
fort mal à propos comme une Seconde, n'est
pas un bon Accord; mais elle est bonne syn=
=copée, lorsqu'elle est précédée de la Tierce ma=
=jeure ou mineure, et sauvée par l'Octave; pour
ce il faut que le Plein-chant monte, et que
le Dessus descende.

Exemple.

On peut faire de suite plusieurs Tierces:
mais il faut seulement observer qu'il ne s'y ren=
=contre point de fausses Relations entr-elles. Ce
terme de fausse Relation, demande une explica=
tion, à laquelle je joindrai des exemples.

De la fausse Relation.

La fausse Relation veut dire le mauvais Raport qu'il y a d'un Ton à un autre: comme, par exemple, d'un Si au Dessus, devant un Fa au Plein-chant; ou d'un Fa au Plein chant, devant un Si au Dessus.

Exemple.

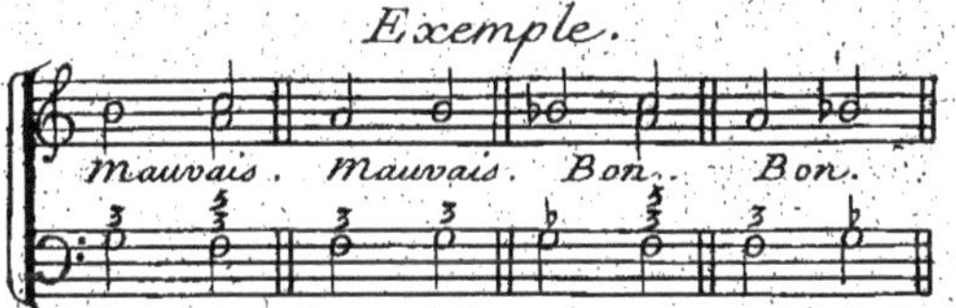

La fausse Relation, comme on voit, se sauve par un B mol. Elle peut se sauver aussi par la Quarte et par la Sixte.

Exemple.

On peut commencer par une Tierce majeure ou mineure; mais on ne peut finir que par une majeure: ou pour règle plus sure, on ne peut commencer ni finir par aucun Accord imparfait; pas même par la Sixte, à moins que ce ne soit pour prendre certaines Fugües en commen=çaint. Il faut donc nécessairement des Accords par=faits; comme la Tierce la Quinte et l'Octave.

Lorsqu'on va de la Tierce à l'Octave, il faut qu'elle soit majeure.

Exemple.

On ne va jamais de la Tierce à la Quinte par même mouvement; c'est à dire, le Dessus et la Basse montant ensemble par ce que cela fait deux Quintes par suposition: ni de la Tierce à l'Octave en descendant, par ce que cela supose deux Octaves.

Exemple.

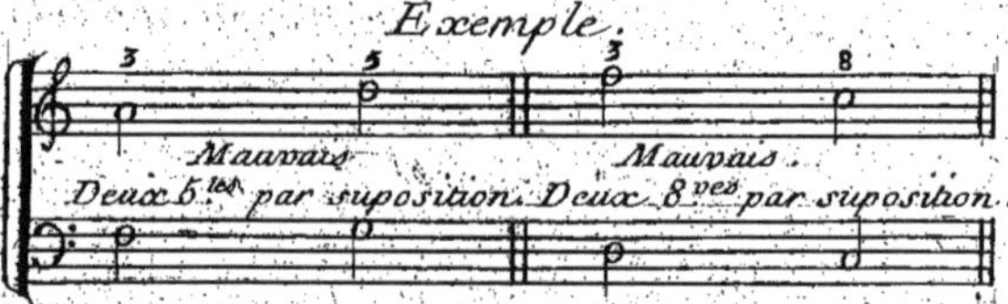

La Quarte majeure, ou Triton, n'est pas un bon Accord de lui même: il faut pour s'en servir qu'il soit en Second Tems précédé de la Tierce majeure, et sauvé de la Sixte mineure.

Exemple.

La Quarte mineure n'est pas un bon
Accord; mais on peut s'en servir en la précé=
=dant par la Tierce majeure ou mineure, et en
la sauvant de la Quinte naturelle. Elle est
également bonne en descendant comme en mon=
=tant, quand cela arrive sur la même Note
du Plein-chant: autrement elle se prépare
et se sauve par la Tierce, la Basse descen=
=dant avec elle. Mais elle est bien plus frapante,
et par conséquent plus harmonieuse, lorsqu'on
s'en sert par Syncope: pour lors elle doit
être précédée ou de la Tierce, ou de la Quinte,
ou de la Sixte, ou de l'Octave.

Exemple.

On ne peut jamais faire deux Quintes naturelles de suite, soit en montant, soit en descendant.

Exemple.

Deux ou plusieurs Quintes renversées de suite, ne sont point non plus permises, malgré l'autorité d'un Auteur moderne.

Exemple.

On peut fort bien faire deux Quintes de suite, pourvû que la seconde soit fausse, que ce soit en descendant, et qu'elle soit immedia= =tement après sauvée de la Tierce majeure.

Exemple.

Nos anciens Rigoristes ne me passeroient
pas cette seconde fausse Quinte pleine: ils ne
la veulent que sur la derniere Note du Tems;
soit en Syncope ou autrement.

Exemple.

Il n'est pas permis d'aller de la Quinte à
l'Octave par mêmes dégrés, parce que cela supose deux
Octaves; voyés la lettre A: ni de tomber de la Quinte
sur l'Octave par dégrés disjoints; voyés la lettre B.

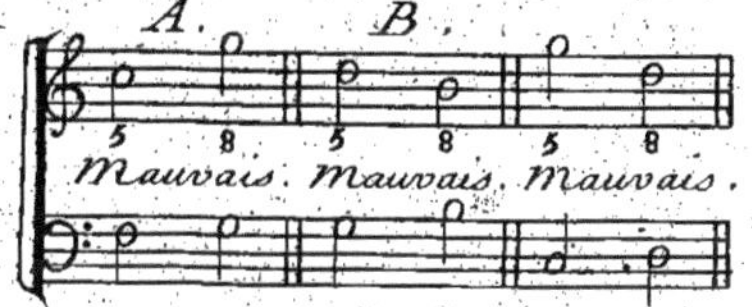

On peut faire plusieurs Sixtes de suite par
un mélange harmonieux de majeures et de mi=
=neures: mais il faut toujours que la Sixte soit
majeure pour aller à l'Octave.

Exemple.

Il n'est pas permis de descendre ni de
monter de la Sixte à la Quinte, voyés la lettre A:
ni d'aller de la Sixte à l'Octave, ni de l'Oc=
=tave à la Sixte, sur la même Note; vû qu'on
peut se servir d'autres Accords plus harmonieux,
voyés la lettre B.

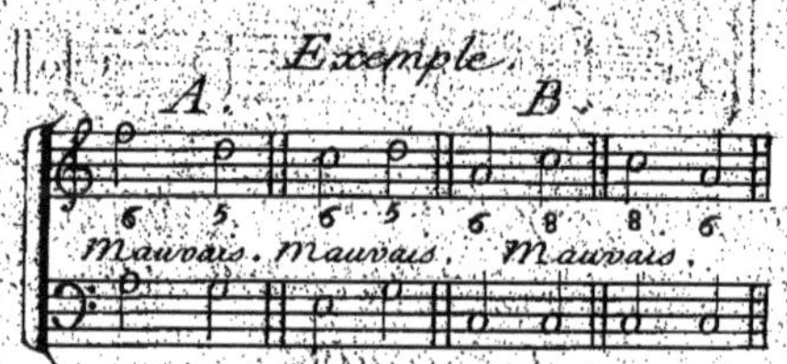

La Septième n'est pas un bon Accord,
si ce n'est en Syncope; et pour s'en servir,
il faut qu'elle soit précédée ou de la Tierce
majeure ou mineure, ou de la Quinte, ou de
la Sixte, ou de l'Octave, et toujours sauvée
de la Sixte.

Exemple.

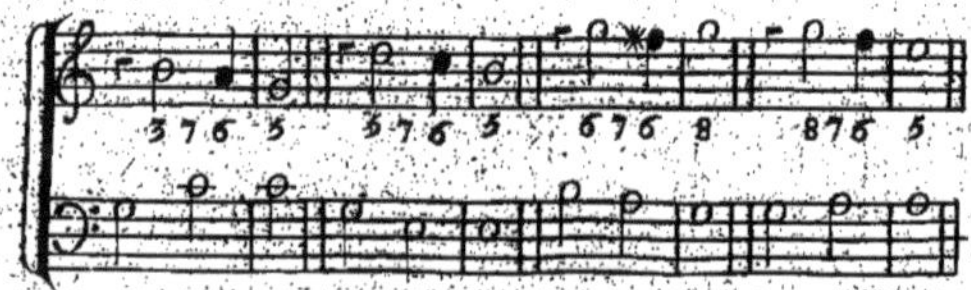

Les Septièmes entrelacées de Sixtes par Syncope sont excellentes.

Exemple.

On ne peut faire deux ni plusieurs Octaves de suite; soit en montant, soit en descendant.

Exemple.

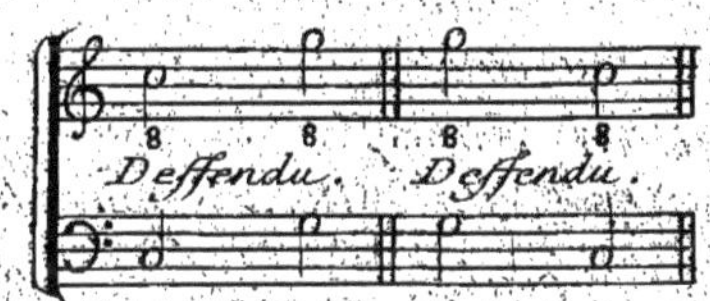

On ne descend jamais de l'Octave à la Quinte; parce que cela supose deux Quintes.

Exemple.

CHAPITRE QUATRIEME,

Des Fugues: de combien de sortes il y en a: et comment on doit les prendre.

Le mot de Fugue est proprement une imitation de Chant du Sujet, sur lequel on com=pose. Ainsi dans le Chant sur le Livre, il faut que celui qui le chante, prenne garde du pre=mier coup d'œil, si le Sujet est susceptible de Fugue. (Car il y en a d'ingrats ou plus riches les uns que les autres.) Ensuite il doit s'atta=cher à quel dégré il prendra sa Fugue, suivant l'étendue ou le genre de sa Voix; lui étant permis de la saisir à une, deux, ou trois mesures après; ce qui la rend même plus sensible. Or pour y bien réussir, il faut savoir que la Fugue se prend ou à l'Octave, ou à la Quinte, ou à la Quarte, et jamais à la Tierce; comme l'enseigne encore l'Auteur moderne.

Je vais en donner des exemples, après que j'aurai ajouté qu'il est aussi permis de prendre la Fugue à la Quinte, pour imiter le Plein-chant, et le suivre, pour ainsi dire, à la piste, en montant de la Sixte à la Quinte, par manière de Syncope, et même quand on veut prendre la Fugue à l'Octave, dont voicy deux exemples.

Exemple,
De la Fugue à la Quinte.

Exemple,
De la Fugue, à l'Octave.

Exemple.
De la simple Fugue à la Quinte.

Remarqués que je ne vais point du Sol au Re, mais bien du Sol à l'Ut, parce qu'il est la Notte Tonalle.

Exemple.
De la simple Fugue à l'Octave.

Exemple.
De la Fugue à la Quarte.

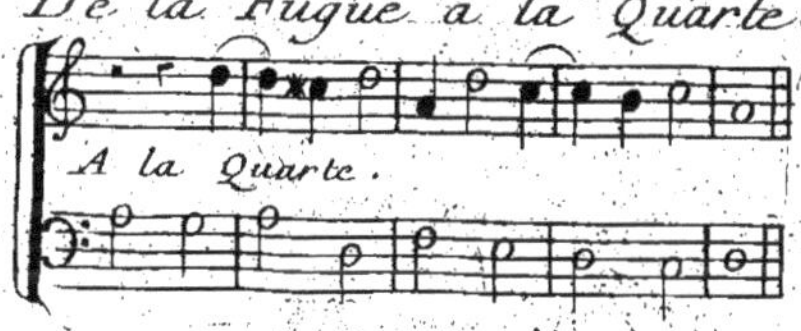

Il y a aussi des Fugues renversées ;
soit à l'Octave, soit à la Quinte.

Exemple.

Exemple plus étendu en forme de Leçon,
par lequel on distinguera toutes les sortes de Fugues,
et on apprendra à bien pratiquer les Syncopes, qu'il
est à propos de définir pour m'acquiter de ma promesse.

De la Syncope.

La Syncope consiste en deux Notes liées
ensemble au même dégré, composant deux differens
Accords, l'un Parfait et l'autre Imparfait, qui doit
être aussitôt sauvé, selon sa nature, et conformément
aux Règles prescrites. Cette Syncope fait des effets
merveilleux sur l'esprit et le cœur, par la douceur
de son harmonie, et la varieté de ses composés.

En voici des Exemples dans deux Leçons,
qui seront remplies de toutes les differentes Fugues.

Premiere Leçon,

Pour les Fugues.

Seconde Leçon,

Tant pour les Fugues, que pour les Syncopes.

Il me semble que ces deux Exemples suffiront, pour être parfaitement instruit et de la manière de prendre les Fugues, et de prati=quer les Syncopes. Il ne faut plus qu'une sérieuse attention, et une grande application à observer tout ce que je viens de démontrer le plus simple=ment et le plus clairement qu'il m'a été possible.

Il y auroit encore bien des petites remarques, que l'Usage et la Pratique enseigneront insensiblem.ᵗ

Avant que de finir ce qui regarde le Chant sur le Livre, il me vient encore une réflexion, qui applanira ce qu'on trouve de très difficile dans ce genre de Composition. C'est lorsque le Maître de Musique bat la Mesure très vîte, le Musicien ne peut faire que Note pour Note, et avoir recours à la Syncope; ce qui devient d'au=tant plus difficile, qu'il faut que les Accords soient bien choisis: mais aussi l'Oreille en est d'autant plus agréablement flatée, que les Chants, en sont plus beaux, et qu'on peut par là imiter, prévenir et suivre par Fugues le Plein-chant bien plus sensiblement, que lorsqu'on se sert des Noires et des Croches.

En voici un Exemple sur une Strophe
de la Prose du Saint Sacrement.

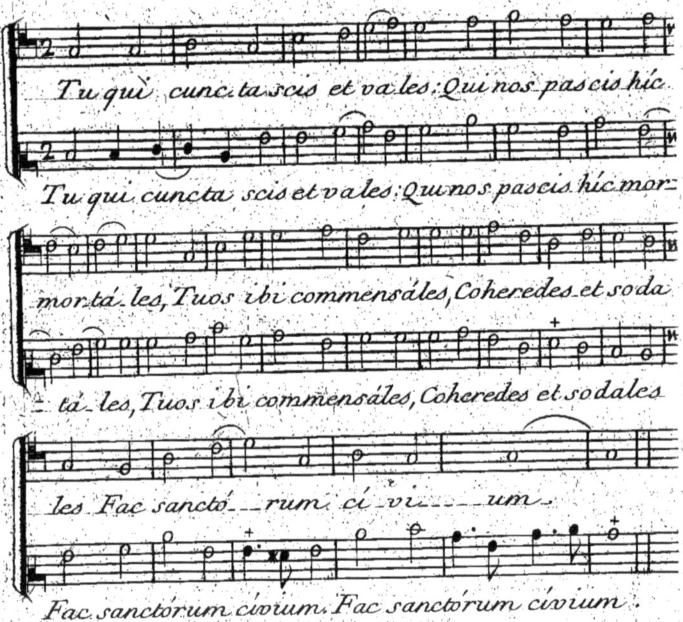

Fin

De tout ce qui regarde le Chant
sur le Livre.

CHAPITRE CINQUIEME,

Pour apprendre à faire deux Parties diffe=
=rentes fuguées syncopées et concordantes entr'elles
sur une Basse de Plein-chant: ce qui peut con=
=duire infailliblement dans la vraye route de la
Composition de la Musique.

Deux Leçons sur des Notes serviront de model.
J'en donnerai une troisieme sur des Paroles; afin
d'en rendre l'Exemple plus sensible et plus instructif.

Premiere Leçon.

Seconde Leçon.

J'espere que l'on me sçaura bon gré d'avoir
ajouté cès Leçons, qui sont très intructives.

Troisieme et derniere Leçon
sur le Regina cœli.

ta por ta
re, al teluya; Regina cæli, lætá
me ruisti portá re, portare al teluya, alle
re, al le
re, alleluya; Quia quem meruisti porta
lu ya, al le luya, al
lú ya; Resur re xit si
re, al le lúya; Resur re xit
le lúya; Re sur re xit sicut

cut dixit, al_le_______tu,_____ya;
Re_sur_re______xit sicut dixit, al____le_lu_
dixit, al_leluya, al___le_lu_ya, al_____le_lu_
O_ra__pro______no________
_ya;_____O___ra pro nobis Deum, O_ra pro
_ya; Ora pro no________bis De_um, O_ra pro
_bis De__um, alle_________
nobis Deum, alle_______luya, al_leluya; O_ra pro
nobis Deum,__________O_ra pro nobis O_ra pro

no bis Deum, al le lú ya;
no bis Deum, alle lúya, al leluya;
O ra pro no bis Deum, al
Ora pro no bis Deum al le
lú ya.
leluya al le lú ya.
lú ya al le lú ya, al le lú ya.

Tableau,

Des huit Tons naturels et de leurs transposés,
sur lesquels on compose toute sorte de Musique d'Église
necessaire à connoître dans toutes les Maîtrises.

5.ᵉ Ton en D la re un Ton plus haut.

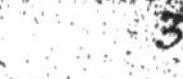

5.ᵉ Ton en E si mi, deux Tons plus haut.

5.ᵉ Ton en B fa si, un Ton plus bas.

5.ᵉ Ton en A mi la, deux Tons plus bas.

6.ᵉ Ton.

6.ᵉ Ton en G re sol, un Ton plus haut.

6.ᵉ Ton en E si mi, un Ton plus bas.

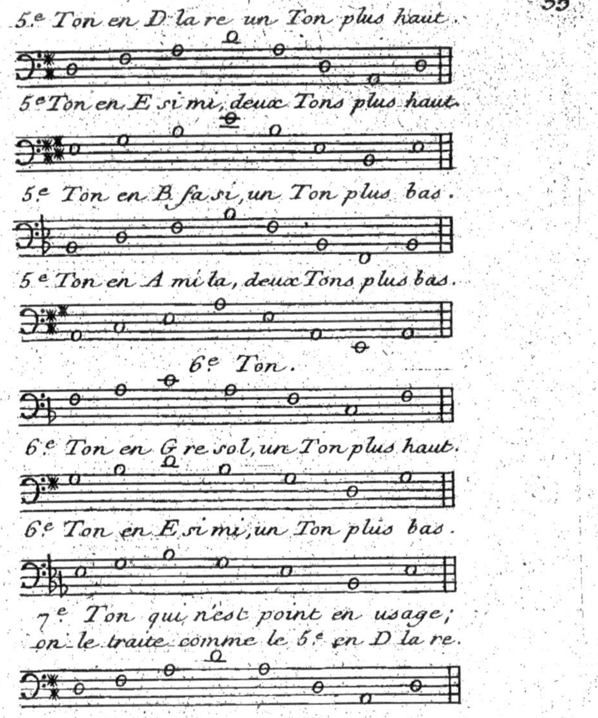

7.ᵉ Ton qui n'est point en usage;
on le traite comme le 5.ᵉ en D la re.

-8.ᵉ Ton sur lequel on ne travaille guerre que dans
des Hymnes de ce Ton; sa Dominante èst ut à la Quarte
étant excepté de tous les autres dont les Dominantes
sont à la Quinte.

Fin.

Privilege General

Louis par la grace de Dieu Roy de France et de Navarre

A nos amés et feaux Con.^{ers} les gens tenans nos Cours de Parlement Maîtres des Requêtes ordinaires de notre Hotel, grand Con.^l Prevôt de Paris, Bailliss, Senechaux, leurs Lieutenans Civils et autres nos justiciers qu'il appartiendra Salut notre bien amé le Sr Henry Madin Chanoine de l'Eglise Royale de St Quentin et Maître de notre Musique et Pages n.^s a fait exposer qu'il desireroit donner au Public un Traité du Chant sur le Livre, Motets, et autres Pieces de Musique de sa Composition, s'il nous plaisoit lui accorder nos Lettres de Pri.^{ge} pour ce necessaires, A ces Causes voulant favorablem.^t traiter l'exposant nous lui avons permis et permettons par ces presentes de faire graver ou imprimer par tel Grav.^r ou Imp.^r que bon lui semblera toutes les Pieces de Musique de sa Composition tant Vocales qu'Instrumentales, conjointem.^t ou separem.^t en telle forme et autant de fois que bon lui semblera, et de les vendre, faire vendre et debiter par tout notre Royaume pendant le tems de quinze années consecutives à compter du jour de la date desd. presentes, Faisons defences à tous Imp.^{rs} Grav.^{rs} et autres personnes de quelque qualité et condition qu'elles soient d'en introduire, d'imp.^{on} etrangere dans aucun lieu de notre obeissance, comme aussi de graver ou imprimer, les dites Pieces ny d'en faire aucuns extraits sous quelque pretexte que ce soit d'augmentation correction changem.^t ou autres sans la per.^{on} expresse et par ecrit dud. exposant ou de ceux qui auront droit de lui, à peine de confiscation des exemplaires contrefaits et de trois mil livres d'amende contre chacun des contrevenans dont un tiers à n.^s un tiers à l'Hotel Dieu de Paris et l'autre tiers au d. exposant et de tous depens domages et int.^{ts} A la charge que ces presentes seront enregistrées tout au long sur le registre de la com.^{té} des Libraires et Imp.^{rs} de Paris dans trois mois de la datte d'icelles, que l'imp.^{on} ou gravure desd. Pieces sera faite dans notre Royaume et non ailleurs en bon papier et beaux caracteres, conformem.^t à la feuille attachée pour modelle sous le contrescel desd. presentes, que l'impetrant se conformera en tout aux reglem.^s de la librairie et notam.^t a celui du dix Avril mil sept cent vingt t cinq, qu'avant que de les exposer en vente le manuscrit gravé ou imp.^{mé} qui aura servi de copie à l'imp.^{on} ou gravure desd. Pieces sera remis dans le meme etat ou l'aprobation y aura eté donnée es mains de notre tres cher et feal ch.^{er} le Sr Daguesseau Chan.^{er} de France com.^{eur} de nos ordres, et qu'il en sera ensuite remis deux exemplaires dans notre Bibliotheque publique, un dans celle de notre Chateau du Louvre et un dans celle de notre d. tres cher et feal Ch.^{er} le Sr Daguesseau Chan.^{er} de France, le tout à peine de nullité des presentes; du contenu desquelles v.^s mandons et enjoignons de faire jouir led. exposant ou ses ayans causes pleinem.^t et paisiblem.^t sans souffrir qu'il leur soit fait aucun trouble ou empechem.^t voulons que la copie desd. pres.^{tes} qui sera imprimée tout au long au commencem.^t ou à la fin desd. Pieces soit tenue p.^r duem.^t signifiée et qu'aux copies collationnées par l'un de nos amés et feaux Con.^{ers} et secretaires soy soit ajoutée comme à l'original, Commandons au premier notre huissier ou Sergent Royal sur ce requis de faire pour l'execution d'icelles tous actes requis et necessaires, sans demander autre permission et nonobstant clameur de Haro, charte normande, et lettres à ce contraires; Car tel est notre plaisir. Donné à Versailles le deuxieme jour du Mois de Juin l'an de grace mil sept cent quarante deux, et de notre Regne le vingt septieme.

Par le Roy en son Conseil

Sainson

Registré sur le registre onze de la Chambre Royale et Syndicale conformem.^t au reglem.^t de 1723. qui fait defence art 4. a toutes personnes de vendre &c. A la charge de fournir huit exemplaires prescrits par l'Art 108. Paris le 11 Juin 1742. Saugrain Syndic.